A Dieta do seu Tipo Sangüíneo

Muito zelo e técnica foram empregados na edição desta obra.
No entanto, podem ocorrer erros de digitação, impressão ou dúvida conceitual. Em qualquer das hipóteses, solicitamos a comunicação à nossa Central de Atendimento, para que possamos esclarecer ou encaminhar a questão. Nem a editora nem o autor assumem qualquer responsabilidade por eventuais danos ou perdas a pessoas ou bens, originados do uso desta publicação.

Central de atendimento
tel: 0800-265340
Rua Sete de Setembro, 111, 16o andar
Centro - Rio de Janeiro
e-mail: info@elsevier.com.br
site: www.campus.com.br

A Dieta do seu Tipo Sangüíneo

PETER J. D'ADAMO
com Catherine Whitney

AB

TRADUÇÃO
Ana Beatriz Rodrigues

REVISÃO TÉCNICA
Sérgio Augusto Teixeira
Médico Especialista em Homeopatia, Nutrição e Medicina Ortomolecular

ELSEVIER

14ª Edição

EDITORA CAMPUS

Do original: *Blood Type AB: Food, beverage and supplement*
Tradução autorizada da edição publicada por Berkley Books, New York

Copidesque
Joselita Vieira Wasniewski
Editoração Eletrônica
RioTexto
Revisão Gráfica
Edna Cavalcanti

Projeto Gráfico
Elsevier Editora Ltda.
A Qualidade da Informação.
Rua Sete de Setembro, 111 - 16º andar
20050-006 Rio de Janeiro RJ Brasil
Telefone: (21) 3970-9300 FAX: (21) 2507-1991
E-mail: *info@elsevier.com.br*
Escritório São Paulo
Rua Quintana, 753 / 8º andar
04596-011 Brooklin São Paulo SP
Tel.: (11) 5105-8555

ISBN 85-352-1040-7
(Edição original: 0-425-18309-2)

CIP-Brasil. Catalogação-na-fonte.
Sindicato Nacional dos Editores de Livros, RJ

D121t D'Adamo, Peter
Tipo AB : a dieta do seu tipo sangüíneo / Peter J. D'Adamo com Catherine Whitney ; tradução Ana Beatriz Rodrigues.
– Rio de Janeiro : Elsevier, 2002 – 14ª reimpressão

Tradução de: Blood type AB
Apêndices
ISBN: 85-352-1040-7

1. Grupos sangüíneos. 2. Emagrecimento. 3. Nutrição.
4. Saúde. I. Whitney, Catherine, 1950-. II. Título.

02-0679. CDD 615.854
CDU 615.854

Às pessoas do Tipo AB do século XXI:
que vocês possam se dar conta
de seu notável legado.

Agradecimentos

São muitas as pessoas às quais devo agradecer, pois nenhuma atividade científica é isolada. Ao longo do caminho, tive o apoio e a orientação de todas as pessoas que depositaram sua confiança em mim. Gostaria de agradecer, em particular, à minha esposa, Martha, pelo amor e amizade; às minhas filhas, Claudia e Emily, pela alegria que me proporcionam, e aos meus pais, James D'Adamo Sr., N.D., e Christl, por terem me ensinado a confiar em minha intuição.

Tenho também uma enorme dívida de gratidão para com:

Catherine Whitney, minha redatora, e seu parceiro, Paul Krafin, que transformaram complexas idéias científicas em princípios acessíveis da vida cotidiana.

Minha agente literária, Janis Vallely, cujo compromisso e sabedoria me ajudam e inspiram continuamente.

Amy Hertz, minha editora na Riverhead/Putnam, cuja visão e zelo transformaram a ciência do tipo sangüíneo em um importante programa.

Jane Dystel, agente literário de Catherine, cujos conselhos foram bem-vindos.

Heidi Merritt, cuja dedicação e atenção aos detalhes levaram os originais do livro à quase-perfeição.

Minha equipe da 2009 Summer Street, pela dedicação e apoio, e à esforçada equipe da 5 Brook Street.

Todos os meus maravilhosos pacientes que, na busca da saúde e da felicidade, honraram-me com sua confiança.

Sumário

O que as pessoas do Tipo AB estão dizendo sobre a dieta . . . . *X*

Uma mensagem para as pessoas do Tipo AB . . . *XIII*

INTRODUÇÃO *A Conexão Dieta-Tipo Sangüíneo* . . *1*

CAPÍTULO 1 *Carnes e Aves* *7*

CAPÍTULO 2 *Frutos do Mar* *9*

CAPÍTULO 3 *Laticínios e Ovos* *12*

CAPÍTULO 4 *Óleos e Gorduras* *14*

CAPÍTULO 5 *Nozes e Sementes* *16*

CAPÍTULO 6 *Feijões e Leguminosas* *18*

CAPÍTULO 7 *Cereais, Pães e Massas* *20*

CAPÍTULO 8 *Hortaliças* *23*

CAPÍTULO 9 *Frutas* *26*

CAPÍTULO 10 *Sucos* *29*

CAPÍTULO 11 *Temperos* *30*

CAPÍTULO 12 *Condimentos* *33*

CAPÍTULO 13 *Ervas e Chás* *34*

CAPÍTULO 14 *Bebidas* 36

CAPÍTULO 15 *Advertência sobre suplementos para pessoas do Tipo AB* 37

CAPÍTULO 16 *Estratégias médicas* 42

CAPÍTULO 17 *Dúvidas mais freqüentes* 46

APÊNDICE A *Uma breve descrição do Tipo AB* . . 53

APÊNDICE B *Centro de aprendizado sobre o tipo sangüíneo* 55

APÊNDICE C *Recursos* 58

Os Autores 60

O que as pessoas do Tipo AB estão dizendo sobre a dieta

Eleen M., 31

"Para mim, a maior mudança desde que comecei a Dieta do Tipo AB foi o equilíbrio total de meu açúcar sangüíneo. Antes da dieta, tinha problemas ao ingerir qualquer fruta, pois meus níveis de açúcar no sangue se elevavam com uma rapidez incrível. Agora, se eu seguir a dieta, meus níveis de açúcar no sangue ficam bem equilibrados e tenho muito mais energia. Outro benefício é que a aparência de minhas mãos e unhas melhorou bastante."

James M.,40

"Quando comecei a Dieta do Tipo AB e parei de comer carne vermelha, minha energia aumentou bastante. Junto com a energia renovada, descobri que meu humor havia melhorado e que minha mente estava mais afiada. Eu não estava muito acima do peso, mas a perda de 4 quilos foi um ótimo efeito colateral. Há anos não me sentia tão bem."

Mary K., 35

"Sofria de fibromialgia há vários anos. Depois de 6 meses da Dieta do Tipo AB, todos meus sintomas se reduziram. Sinto muito menos dor, tenho mais energia e minha resistência aos vírus parece melhor. Além disso, perdi onze quilos. Antes de começar essa dieta, começava a acreditar que nunca me sentiria bem novamente. Estou com uma vida totalmente nova!"

Sandra S., 55

"Eu tomava hormônio da tiróide há cerca de dez anos, mas depois de oito meses da Dieta do Tipo AB, consegui parar. Estou ótima. Também percebi que minha energia aumentou bastante. Não me sinto como se estivesse carregando uma carga de duas toneladas o tempo todo. Hoje me sinto como uma pessoa normal – algo que não acontecia há muito tempo."

Martha B., 45

"Lutava contra o colesterol alto há vários anos. Nenhuma dieta que experimentava o reduzia. Na verdade, a dieta que meu médico me receitou aumentou meu colesterol. Depois de apenas alguns meses da Dieta do Tipo AB, meu colesterol total está em 170. Quase não acreditei e meu médico também ficou surpreso. Vou seguir essa dieta pelo resto da vida."

Ted M., 33

"Com a Dieta do Tipo AB, minha gordura corporal diminuiu consideravelmente. Minha barriga e meu manequim diminuíram. Agora consigo ver meus pés novamente."

Uma mensagem para as pessoas do Tipo AB

Caro leitor do Tipo AB:

*Este livro em formato especial concentra-se nos princípios e nas estratégias da Dieta do Tipo Sangüíneo aplicáveis a você. Se você ainda não conhece a dieta, verá que este livro é um guia simples e acessível que fornece as dicas e informações básicas sobre a dieta do tipo sangüíneo. Se você já estiver seguindo a dieta e leu os outros livros da mesma série (*A Dieta do Tipo Sangüíneo *e* Viva Melhor com a Dieta do Tipo Sangüíneo*, Editora Campus), verá que este livro é útil como um guia de referência rápido e portátil para sua dieta.*

Desde o lançamento de A Dieta do Tipo Sangüíneo*, há cinco anos, recebi dezenas de milhares de depoimentos de pessoas de todo o mundo. Muitos desses depoimentos são de pessoas do Tipo AB que superaram problemas crônicos de saúde, doenças graves e longas lutas contra a obe-*

sidade apenas alimentando-se e vivendo de acordo com os sinais genéticos de seu tipo sangüíneo. Número crescente de pesquisas sustenta a conclusão de que nossas diferenças individuais realmente são importantes para as decisões que tomamos em duas áreas estratégicas: saúde e estilo de vida.

Espero sinceramente que você se junte a outras pessoas do Tipo AB que tiveram sucesso com este plano. Convido-o a compartilhar da sensação renovada de bem-estar e boa saúde que se tornaram a marca registrada da Dieta do Tipo AB.

Peter J.D'Adamo, N.D.

NOTA IMPORTANTE

O conteúdo deste livro foi resumido para fornecer apenas as informações mais básicas relacionadas à Dieta do Tipo Sangüíneo. Para obter o benefício terapêutico total da dieta, é importante ler a pesquisa completa e as orientações dos outros livros do Dr. D'Adamo, *A Dieta do Tipo Sangüíneo* e *Viva Melhor com a Dieta do Tipo Sangüíneo*. Esses livros contêm detalhes que o ajudarão a entender totalmente o importante papel do seu tipo sangüíneo na alimentação, prática de exercícios, saúde, doença, longevidade, vitalidade física e estabilidade emocional.

INTRODUÇÃO

A Conexão Dieta-Tipo Sangüíneo

A conexão dieta-tipo sangüíneo é um conceito novo para a maioria das pessoas, mas muitas delas acabam descobrindo a resposta para algumas de suas perguntas mais surpreendentes. Há muito tempo percebemos que faltava um elo em nossa compreensão do processo que leva ao caminho da saúde ou da doença. Era preciso haver um motivo para a existência de tantos paradoxos nos estudos sobre alimentação e sobrevivência a doenças. A análise dos tipos sangüíneos nos ofereceu um caminho para explicar esses paradoxos.

Os tipos sangüíneos são tão fundamentais quanto a própria criação. Na lógica da natureza, os quatro tipos sangüíneos seguem um caminho direto desde o primeiro momento da criação humana aos dias de hoje. Eles são as assinaturas de nossos ancestrais no indestrutível pergaminho da história. Como pessoa do Tipo AB, você carrega em si a impressão genética de seus ancestrais do Tipo AB, incorporando as características do

Tipo A e do Tipo B. O gene do Tipo AB, com apenas 1.000 anos de idade, permitiu que seus ancestrais fizessem a transição para a era moderna.

Seu tipo sangüíneo é essencial para o sistema imunológico de seu organismo e, como tal, é o fator que define o perfil de sua saúde. O antígeno de seu tipo sangüíneo funciona como guardião, criando anticorpos para afastar perigosos intrusos. Quando um anticorpo encontra o antígeno de um invasor microbiano, ocorre uma reação denominada "aglutinação". O anticorpo prende-se ao antígeno viral, tornando-o muito pegajoso. Quando células, vírus, parasitas e bactérias são aglutinados, eles grudam uns nos outros e se aglomeram, facilitando assim sua remoção.

Mas há muito mais na história da aglutinação. Os cientistas descobriram que muitos alimentos aglutinam as células de certos tipos sangüíneos mas não de outros, o que significa que um alimento que pode ser prejudicial às células de um tipo sangüíneo pode ser benéfico para as células de outro.

Ocorre uma reação química entre seu sangue e os alimentos que você ingere. Essa reação faz parte de sua herança genética. Sabemos disso por causa de um fator chamado "lectinas". As lectinas, proteínas abundantes e variadas encontradas nos alimentos, possuem propriedades de aglutinação que afetam o sangue. As lectinas são uma maneira poderosa de organismos da natureza se prenderem a outros organismos da natureza. Muitas vezes, as lectinas utilizadas pelos vírus ou bactérias podem ser específicas para um tipo sangüíneo, tornando-as uma praga mais aderente para uma pessoa com aquele tipo sangüíneo. Além disso, quando você ingere um alimento contendo lectinas de proteínas incompatíveis com o antígeno de seu tipo sangüíneo, as lectinas tentam atingir um órgão ou um sistema do organismo (rins, fígado, cérebro, estômago etc.) e começam a aglutinar as células sangüíneas nessa região. Por exemplo, uma lectina no feijão-manteiga realiza uma reação cruzada com o sangue do Tipo AB, visando às enzimas digestivas e interferindo na produção de insulina.

A Dieta do Tipo AB é uma maneira de restaurar as funções protetoras naturais do sistema imunológico, reajustar seu relógio metabólico e livrar seu sangue das perigosas lectinas aglutinadoras. Dependendo da gravidade da doença e do nível de adesão ao plano alimentar, a dieta pode beneficiar a todos.

PRINCÍPIOS BÁSICOS DA DIETA DO TIPO AB

O tipo sangüíneo AB existe há menos de mil anos, é raro (2 a 5% da população) e biologicamente complexo. Como você carrega os antígenos dos tipos A e B, sua estratégia alimentar ideal incorpora tanto as sensibilidades vegetarianas do Tipo A quanto as necessidades de carne e de laticínios do Tipo B. Com um equilíbrio ideal, essa combinação alimentar ajuda a manter as pessoas do Tipo AB magros, fortes e saudáveis. A Dieta do Tipo AB funciona porque você é capaz de seguir um plano alimentar claro, lógico e cientificamente testado com base em seu perfil celular.

Sua dieta organiza-se em quatorze grupos alimentares:

Carnes e aves	**Hortaliças**
Frutos do mar	**Frutas**
Laticínios e ovos	**Sucos**
Óleos e gorduras	**Temperos**
Nozes e sementes	**Condimentos**
Feijões e leguminosas	**Ervas e chás**
Cereais, pães e massas	**Bebidas**

Dentro de cada grupo, os alimentos são divididos em três categorias: ALTAMENTE BENÉFICOS, NEUTROS e a EVITAR. Pense nas categorias da seguinte maneira:

- Os alimentos **ALTAMENTE BENÉFICOS** são aqueles que funcionam como um **MEDICAMENTO**
- Os alimentos que devemos **EVITAR** são os alimentos que funcionam como um **VENENO**.

- Os alimentos **NEUTROS** são os alimentos que funcionam simplesmente como um **ALIMENTO**.

A Dieta do Tipo AB inclui uma enorme variedade de alimentos, portanto, não se preocupe com as limitações. Sempre que possível, escolha os alimentos Altamente Benéficos e não os alimentos Neutros, mas sinta-se à vontade para apreciar os alimentos Neutros que o agradam; eles não lhe farão mal e contêm os nutrientes necessários para uma dieta balanceada.

No alto de cada categoria alimentar, você verá um quadro parecido com este (observe que a freqüência às vezes é semanal, às vezes é diária):

TIPO AB		**Semanalmente, se sua ascendência for**		
Todos os frutos do mar	PORÇÃO 115-170 g	AFRICANA 1-4 vezes	CAUCASIANA 3-5 vezes	ASIÁTICA 4-6 vezes

As sugestões das porções, de acordo com a linhagem, não são regras invioláveis. Meu objetivo é apresentar uma maneira de aperfeiçoar ainda mais sua alimentação, usando o que se conhece hoje sobre as características de seus ancestrais. Embora os povos de raças e culturas diferentes possam compartilhar um tipo sangüíneo, nem sempre eles possuem a mesma freqüência do gene. Há também variações geográficas e culturais, assim como diferenças típicas no tamanho e no peso dos diversos povos.

Use os refinamentos se os considerar úteis; ignore-os se acreditar que não o são. Em qualquer caso, tente formular seu próprio plano para o tamanho das porções.

CAPÍTULO 1

Carnes e Aves

TIPO AB		Semanalmente, se sua ascendência for		
	PORÇÃO	AFRICANA	CAUCASIANA	ASIÁTICA
Carnes vermelhas magras	110-170 g (homens)	2-3x	1-3x	1-3x
Aves	55-140 g (mulheres e crianças)	0-2x	0-2x	0-2x

Pessoas do Tipo AB precisam limitar sua ingestão de carne, pois não produzem ácido estomacal suficiente para digerir bem a proteína animal em excesso. O segredo está no tamanho da porção e na freqüência. Prefira cordeiro, carneiro, coelho e peru no lugar da carne de boi. Evite o frango. Ele contém uma lectina que interfere na digestão das pessoas do Tipo AB.

ALTAMENTE BENÉFICOS

Carneiro	**Cordeiro**
Coelho	**Peru**

NEUTROS

Avestruz	Fígado
Faisão	

EVITAR

Bacon	Ganso
Boi	Pato
Búfalo	Perdiz
Cavalo	Pombo
Codorna	Porco
Coração/Vísceras	Presunto
Esquilo	Tartaruga
Galinha	Veado
Galinha-d'angola	Vitela

CAPÍTULO 2

Frutos do Mar

TIPO AB		Semanalmente, se sua ascendência for		
	PORÇÃO	AFRICANA	CAUCASIANA	ASIÁTICA
Todos os frutos do mar	110-170 g	3-5x	3-5x	4-6x

Há uma grande variedade de ótimos peixes e frutos do mar que devem servir de base para a alimentação das pessoas do Tipo AB. Se você tiver um histórico familiar de câncer de mama, introduza moluscos em sua alimentação. O *escargot Helix pomatia* possui uma poderosa lectina que aglutina especialmente as células do Tipo A modificadas responsáveis por duas das mais comuns formas de câncer de mama. É um tipo positivo de aglutinação; a lectina do molusco livra-se das células doentes.

ALTAMENTE BENÉFICOS

Atum	Lúcio
Bacalhau	Lúcio novo
Badejo	Pargo
Cavala	Salmão
Escargot	Sardinha
Esturjão	Vermelho
Garoupa	

NEUTROS

Anchova	Mexilhão
Arenque fresco	Pargo
Bacalhau novo	Peixe-lua
Bagre	Perca (todos os tipos)
Cação	Pescada polaca
Caranha	Pescadinha
Carpa	Piraúna
Caviar	Savelha
Eperlano	Tainha
Espadarte	Tilápia
Haliote	Tubarão
Lula	Vieira

EVITAR

Arenque em conserva	Marisco
Barracuda	Merluza
Beluga	Olhete
Camarão	Ostras
Caranguejo	Ova de salmão
Enguia	Polvo
Hadoque	Rã
Halibute	Salmão defumado
Lagosta	Siri
Lagostim	Truta (todos os tipos)
Linguado (todos os tipos)	

CAPÍTULO 3

Laticínios e Ovos

TIPO AB		Semanalmente, se sua ascendência for		
	PORÇÃO	AFRICANA	CAUCASIANA	ASIÁTICA
Ovos	1 ovo	2-6x	3-4x	2-3x
Queijo	55 g	2-3x	3-4x	3-4x
Iogurte	110-170 ml	1-4x	2-3x	1-4x
Leite	110-170 ml	1-2x	1-3x	0-2x

Os laticínios são benéficos para pessoas do Tipo AB, sobretudo os produtos refinados e fermentados – leitelho, iogurte e quefir – que são facilmente digeridos. Você deve tomar cuidado principalmente com a produção excessiva de muco. Se tiver problemas respiratórios, sinusite ou infecções de ouvido, reduza os laticínios. Os ovos são uma boa fonte de proteína para pessoas do Tipo AB.

ALTAMENTE BENÉFICOS

Iogurte	Queijo de leite de cabra
Leite de cabra	Queijo Feta
Ovo de galinha	Queijo mussarela
Quefir	Ricota
Queijo Cottage	

NEUTROS

Caseína	Queijo Edam
Gema de ovo	Queijo Emmenthal
Leite de vaca, desnatado	Queijo Gouda
Manteiga de búfala	Queijo Gruyère
Ovo de codorna	Queijo Muenster
Ovo de gansa	Queijo suíço
Queijo Cheddar	Requeijão
Queijo Colby	Soro de leite

EVITAR

American cheese	Queijo Brie
Blue cheese	Queijo Camambert
Creme de leite	Queijo parmesão
Leite de vaca integral	Queijo provolone
Leitelho	Sorbet de frutas
Manteiga	Sorvete
Ovo de pata	

CAPÍTULO 4

Óleos e Gorduras

TIPO AB		Semanalmente, se sua ascendência for		
Óleos	PORÇÃO 1 colher (sopa)	AFRICANA 4-7x	CAUCASIANA 5-8x	ASIÁTICA 5-7x

As pessoas do Tipo AB devem utilizar azeite de oliva em lugar das gorduras animais, gorduras vegetais hidrogenadas ou de outros óleos vegetais. O azeite de oliva é uma gordura monoinsaturada, que se acredita contribuir para a redução do colesterol do sangue.

ALTAMENTE BENÉFICOS

Azeite de oliva	Óleo de nozes

NEUTROS

Óleo de amêndoa	Óleo de groselha
Óleo de amendoim	Óleo de linhaça
Óleo de canola	Óleo de prímula
Óleo de fígado de bacalhau	Óleo de soja
Óleo de germe de trigo	

EVITAR

Óleo de açafrão	Óleo de girassol
Óleo de coco	Óleo de milho
Óleo de gergelim	Óleo de sementes de algodão

CAPÍTULO 5

Nozes e Sementes

TIPO AB		Semanalmente, se sua ascendência for		
	PORÇÃO	AFRICANA	CAUCASIANA	ASIÁTICA
Nozes e sementes	Uma pequena porção	2-4x	2-4x	2-3x
Manteigas de nozes	1-2 colheres (sopa)	3-6x	3-6x	3-6x

As nozes e sementes apresentam um quadro misto para pessoas do Tipo AB. Devem ser ingeridas em pequenas quantidades e com cautela. Embora constituam uma boa fonte suplementar de proteína, todas as sementes contêm as lectinas inibidoras de insulina, tornando-as um problema para pessoas do Tipo AB. Por outro lado, o amendoim é um poderoso estimulante do sistema imunológico para pessoas do Tipo AB.

ALTAMENTE BENÉFICOS

Amendoim	**Nozes**
Castanha	

NEUTROS

Amêndoa	Macadâmia
Castanha-de-caju	Pasta de amêndoa
Castanha-do-pará	Pecã/pasta de pecã
Faia	Pinhão
Leite de amêndoa	Pistache
Lichia	Queijo de amêndoa
Linhaça	Sementes de açafrão

EVITAR

Avelã	Sementes de girassol
Sementes de abóbora	Sementes de papoula
Sementes de gergelim/ pasta de semente de gergelim (tahini)	

CAPÍTULO 6

Feijões e Leguminosas

TIPO AB		Semanalmente, se sua ascendência for		
Feijões e leguminosas	PORÇÃO 1 xícara/crus	AFRICANA 3-5x	CAUCASIANA 2-3x	ASIÁTICA 4-6x

Os feijões e leguminosas também constituem outro pacote misto para pessoas do Tipo AB. As lentilhas são famosas por conterem antioxidantes que combatem o câncer. Por outro lado, o feijão-manteiga e o feijão-mulatinho retardam a produção de insulina em pessoas do Tipo AB.

ALTAMENTE BENÉFICOS

Feijão-de-marinheiro (branco)	**Lentilha**
Feijão-de-soja	**Missô**
Feijão-rajadinho	**Tempé**
Feijão-vermelho	**Tofu**

NEUTROS

Ervilha verde	Grânulos de soja
Feijão-branco	Leite de soja
Feijão-de-corda	Lentilha
Feijão-jicama	Queijo de soja
Flocos de soja	Vagem

EVITAR

Broto de feijão	Feijão-manteiga
Fava	Feijão-mulatinho
Feijão-azuki	Feijão-preto
Feijão-fradinho	Grão-de-bico

CAPÍTULO 7

Cereais, Pães e Massas

TIPO AB		Semanalmente, se sua ascendência for		
Cereais, pães e massas	PORÇÃO 1/2 xícara de cereais/massa crus, 1 bolinho, 2 fatias de pão	AFRICANA 6-8x	CAUCASIANA 6-9x	ASIÁTICA 6-10x

Em geral, os cereais, pães e massas fazem bem às pessoas do Tipo AB, mas é preciso limitar o consumo de trigo, sobretudo quando há uma grande produção de muco provocado pela asma ou por infecções freqüentes. Mingau de aveia, flocos de soja, painço, farinha de cereais, arroz e grânulos de soja são boas opções para pessoas do Tipo AB, assim como os pães de trigo germinado. Evite trigo-sarraceno, trigo e milho.

Você se beneficiará com uma dieta rica em arroz em lugar de massas, embora possa comer massa de semolina ou de espinafre uma ou duas vezes por semana. Repetindo, substitua o trigo-sarraceno e o milho por aveia e centeio. Limite o consumo de farelo e de germe de trigo a uma vez por semana.

ALTAMENTE BENÉFICOS

Amaranto	Mingau de aveia
Arroz branco/integral/ basmati/selvagem	Painço
Bolo de arroz	Pão de arroz
Espelta	Pão de centeio (100%)
Farelo de arroz	Pão-de-ezequiel (trigo germinado 100%)
Farelo de aveia	Pão de farinha de soja
Farinha de aveia	Pão de trigo germinado
Farinha de centeio	Pão-dos-essênios (trigo germinado)
Farinha de espelta integral	

NEUTROS

Bolinho de farelo de trigo	Germe de trigo
Cevada	Massa de espinafre
Creme de arroz	Massa de semolina
Cuscuz	Pão de espelta
Farelo de trigo	Pão de sete cereais
Farinha de cereais	Trigo (produtos de farinha de glúten/de farinha de trigo/de farinha integral)
Farinha de glúten	

EVITAR

Flocos de milho	Sêmola
Massa de alcachofra pura	Sorgo
Milho	Tapioca
Mingau de milho	Teff (cereal africano)
Pão de milho	Trigo refinado não clareado
Pipoca	Trigo sarraceno/kasha

CAPÍTULO 8

Hortaliças

TIPO AB		Semanalmente, se sua ascendência for		
	PORÇÃO	AFRICANA	CAUCASIANA	ASIÁTICA
Cozidas	1 xícara, preparadas	3-5x	3-5x	3-5x
Cruas	1 xícara, preparadas	3-5x	3-5x	3-5x

As hortaliças frescas são uma importante fonte de substâncias fitoquímicas, as substâncias naturais dos alimentos que auxiliam na prevenção do câncer e das doenças cardíacas – doenças que afligem pessoas do Tipo AB com mais freqüência como resultado de sistemas imunológicos mais fracos. Você dispõe de uma vasta seleção de hortaliças que lhe farão bem.

ALTAMENTE BENÉFICOS

Aipo/suco	**Brócolis**
Alho	**Broto de alfafa**
Batata-doce	**Cenoura/suco**
Berinjela	**Cogumelo maitake**
Beterraba	**Couve**

ALTAMENTE BENÉFICOS (continuação)

Couve-flor	Mostarda (folha)
Dente-de-leão	Pepino
Folha de beterraba	Repolho/suco
Inhame	Salsa
Mandioquinha	

NEUTROS

Abóbora moranga	Cogumelo enoki
Abóbora, todos os tipos	Couve-de-bruxelas
Abobrinha	Couve-nabo (rutabaga)
Acelga	Couve-rábano
Agrião	Echalote
Alface (todos os tipos)	Endívia
Alga marinha	Erva-doce
Alho-poró	Ervilha verde, de vagem
Aspargo	Escarola
Azeitona grega, verde e espanhola	Gengibre
Batata inglesa	Nabo
Broto de bambu	Pimenta-da-jamaica
Cebola (todos os tipos)	Quiabo
Cebolinha verde	Raiz-forte
Cenoura	Repolho chinês (Bok choy)
Chicória	Rúcula
Chucrute	Suco de pepino
Coentro	Tomate/suco

EVITAR

Alcachofra	Cogumelo shiitake
Babosa (chá, suco, folha)	Milho
Brotos de feijão	Picles, todos os tipos
Brotos de rabanete	Pimenta e pimentão, todos os tipos
Azeitona preta	Rabanete

CAPÍTULO 9

Frutas

TIPO AB		Diariamente, se sua ascendência for		
Frutas recomendadas	PORÇÃO 85-140 g ou 1 fruta	AFRICANA 3-4x	CAUCASIANA 3-4x	ASIÁTICA 3-4x

As pessoas do Tipo AB devem preferir as frutas mais alcalinas, como uva, ameixa e frutas vermelhas. Evite a laranja, que irrita o estômago das pessoas do Tipo AB, além de interferir na absorção de minerais importantes. O limão também é excelente para as pessoas do Tipo AB, auxiliando na digestão e eliminando o muco do organismo. Como a vitamina C é um importante antioxidante, sobretudo na prevenção do câncer, ingira outras frutas ricas em vitamina C, como *grapefruit* ou kiwi. A lectina da banana interfere na digestão das pessoas do Tipo AB. Recomendo substituí-la por outras frutas ricas em potássio, como damasco, figo e alguns tipos de melão.

ALTAMENTE BENÉFICOS

Abacaxi	Groselha
Ameixa	Kiwi
Cereja	Limão/suco
Figo, fresco/desidratado	Melancia
Framboesa	Suco de arando
Grapefruit	Uva (todos os tipos)

NEUTROS

Ameixa seca/suco	Nectarina/suco
Amora	Papaia
Banana-da-terra	Pêra asiática
Cidra de maçã/suco	Pêra/suco
Damasco/suco	Pêssego
Fruta-pão	Sabugueiro
Groselha preta/vermelha	Suco de abacaxi
Lima/suco	Suco de amora preta
Melão amarelo e verde (pele-de-sapo)	Suco de *grapefruit*
Melão cantalupo	Tâmara (todos os tipos)
Mirtilo	Tangerina/suco
Morango	Uva-passa

EVITAR

Abacate	Goiaba/suco
Banana	Laranja
Caqui	Manga/suco
Carambola	Marmelo
Coco	Romã

CAPÍTULO 10

Sucos

TIPO AB		Semanalmente, se sua ascendência for		
	PORÇÃO	AFRICANA	CAUCASIANA	ASIÁTICA
Sucos recomendados	226 ml	2-3x	2-3x	2-3x
Água	226 ml	4-7x	4-7x	4-7x

As pessoas do Tipo AB devem iniciar o dia bebendo um copo de água morna com suco fresco de meio limão para eliminar do organismo o muco que se formou durante a noite. A água com limão também auxilia a eliminação. Em seguida, tome um copo de *grapefruit* diluído ou suco de mamão papaia. Escolha as hortaliças e as frutas recomendadas nos Capítulos 10 e 11 quando fizer ou comprar os sucos. Prefira sucos de frutas altamente alcalinas como amora-preta, arando ou uva.

CAPÍTULO 11

Temperos

Use sal marinho e fúcus (alga) no lugar do sal. Seu conteúdo de sódio é baixo e a alga proporciona enormes benefícios para o coração e para o sistema imunológico. Também ajuda no controle do peso. Evite todos os tipos de pimenta e o vinagre porque são ácidos. Em vez de vinagre, use suco de limão com óleo e ervas para temperar hortaliças ou saladas. E não tenha medo de usar quantidades generosas de alho. É um tônico potente e um antibiótico natural, sobretudo para pessoas do Tipo AB. O açúcar e o chocolate são permitidos em pequenas quantidades. Use-os como condimentos.

ALTAMENTE BENÉFICOS

Alho	**Raiz-forte**
Curry	**Salsa**
Missô	

NEUTROS

Açafrão	Hortelã
Açúcar branco/mascavo	Hortelã-pimenta
Ágar	Junípero
Alcaparra	Louro
Alecrim	Macis
Alfarroba	Manjericão
Alga	Manjerona
Araruta	Mel
Baunilha	Melado
Bergamota	Molho de soja
Canela	Molho tamari
Cardamomo	Mostarda (pó)
Cebolinha	Noz-moscada
Cerefólio	Páprica
Chili em pó	Pectina de maçã
Chocolate	Raiz de alcaçuz
Coentro	Sal marinho
Cominho	Sálvia
Cravo	Segurelha
Cremor de tártaro	Sena
Cúrcuma	Tamarindo
Endro	Tomilho
Estragão	Xarope de arroz
Fermento	Xarope de bordo
Gualtéria	

EVITAR

- Anis
- Aspartame
- Carragena
- Dextrose
- Extrato de amêndoas
- Frutose
- Gelatina comum
- Gomas guar
- Guaraná
- Maisena
- Malte de cevada
- Maltodextrina
- Pimenta, todos os tipos
- Pimenta-da-jamaica
- Tapioca
- Vinagre, todos os tipos
- Xarope de milho

CAPÍTULO 12

Condimentos

Evite todos os condimentos em conserva por causa da suscetibilidade ao câncer de estômago. Evite também ketchup, que contém vinagre, e molho inglês, que contém xarope de milho.

ALTAMENTE BENÉFICO

Nenhum	

NEUTROS

Geléia ou gelatina de frutas recomendadas	Molho para salada com os ingredientes recomendados
Maionese	Mostarda

EVITAR

Ketchup	Picles
Molho inglês	Picles (em salmoura)

CAPÍTULO 13

Ervas e Chás

Pessoas do Tipo AB devem tomar chá para fortalecer o sistema imunológico e para se proteger contra as doenças cardiovasculares e do câncer. Alfafa, babosa, bardana, camomila e equinácea fortalecem o sistema imunológico. O pilriteiro e a raiz de alcaçuz são altamente recomendados para a saúde cardiovascular. O chá-verde tem excelentes efeitos sobre o sistema imunológico. Dente-de-leão, raiz de bardana e chá de folha de morango auxiliam a absorção de ferro e evitam a anemia.

ALTAMENTE BENÉFICOS

Alfafa	**Gengibre**
Bardana	**Ginseng**
Camomila	**Pilriteiro**
Equinácea	**Raiz de alcaçuz**
Folha de morango	**Fruto da roseira**

NEUTROS

Amora	Hortelã-pimenta
Bétula branca	Marroio-branco
Caiena	Milefólio
Casca de carvalho branco	Morrião-branco
Dente-de-leão	Sabugueiro
Dong quai	Salsa
Erva-de-são-joão	Salsaparilha
Folha de framboesa	Sálvia
Gatária	Tomilho
Hidraste	Valeriana
Hortelã	Verbena

EVITAR

Babosa	Ruibarbo
Barba de milho	Sena
Bolsa-de-pastor	Tília
Feno-grego	Trevo-dos-prados
Genciana	Tussilagem
Lúpulo	Verbasco

CAPÍTULO 14

Bebidas

O vinho tinto faz bem às pessoas do Tipo AB por causa dos efeitos positivos sobre o sistema cardiovascular. Acredita-se que um copo de vinho tinto ao dia reduz o risco de doenças cardíacas em homens e mulheres. O chá-verde tem excelentes efeitos sobre o sistema imunológico.

ALTAMENTE BENÉFICOS

Chá-verde	**Vinho tinto**

NEUTROS

Água mineral gasosa	**Vinho branco**
Cerveja	

EVITAR

Bebidas destiladas	**Chá-preto, comum/ descafeinado**
Café comum/ descafeinado	**Refrigerantes (todos os tipos)**

CAPÍTULO 15

Advertência sobre suplementos para pessoas do Tipo AB

O plano alimentar para pessoas do Tipo AB inclui recomendações sobre suplementos de vitaminas, minerais e ervas que podem ampliar os efeitos da sua dieta. Como no caso dos alimentos, os suplementos nutricionais nem sempre têm os mesmos efeitos em todas as pessoas. Cada vitamina, mineral e suplemento à base de ervas desempenha uma função específica no organismo. O remédio milagroso que seu amigo do Tipo O ou do Tipo B elogia pode ser inócuo ou até mesmo prejudicial ao sistema de pessoas do Tipo AB.

O objetivo de qualquer tipo de suplementação é aumentar os pontos fortes do Tipo AB e criar uma barreira de proteção contra os pontos fracos. Portanto, suas metas devem ser:

- Fortalecer seu sistema imunológico.
- Fornecer antioxidantes que combatam o câncer.

- Fortalecer o coração.

As recomendações a seguir enfatizam os suplementos que ajudam a alcançar esses objetivos e também advertem contra os suplementos que podem ser contraproducentes ou perigosos para as pessoas do Tipo AB.

Pessoas do Tipo AB ingerem muita vitamina A, vitamina B_{12}, niacina e vitamina E, fornecendo proteção alimentar contra o câncer e doenças cardíacas. Eu sugeriria suplementação adicional apenas se, por algum motivo, uma pessoa do Tipo AB não estivesse seguindo a dieta.

BENÉFICOS

Vitamina C

As pessoas do Tipo AB, com níveis naturalmente mais elevados de câncer de estômago, podem se beneficiar da ingestão adicional de suplementos de vitamina C. Sendo um antioxidante, a vitamina C comprovadamente protege contra o câncer. No entanto, não pense que por isso deve ingerir enormes quantidades dessa vitamina. Descobri que as pessoas do Tipo AB não se dão muito bem com doses elevadas (1000 mg ou mais) de vitamina C porque ela tende a causar perturbações estomacais. A ingestão ao longo do dia de 2 a 4 comprimidos de suplemento de 250 mg, preferivelmente derivados do fruto da roseira, não deve causar problemas digestivos.

MELHORES ALIMENTOS RICOS EM VITAMINA C PARA PESSOAS DO TIPO AB:
Abacaxi
Brócolis
Cereja
Frutas vermelhas
Grapefruit
Limão

Zinco (com cautela)

Descobri que uma pequena quantidade de zinco (3 mg/dia) muitas vezes faz uma grande diferença no sentido de proteger crianças Tipo AB contra infecções, sobretudo de ouvido. Entretanto, a suplementação de zinco é uma faca de dois gumes. Enquanto doses pequenas e periódicas aumentam a imunidade, doses mais altas e sua suplementação por períodos prolongados reduzem e podem interferir na absorção de outros minerais. Cuidado com o zinco! Não é completamente controlado e pode ser encontrado facilmente sob a forma de suplemento, porém não deve ser utilizado sem orientação médica.

MELHORES ALIMENTOS RICOS EM ZINCO PARA PESSOAS DO TIPO AB:
Carnes recomendadas (sobretudo a carne escura do peru)
Leguminosas
Ovos

ERVAS/SUBSTÂNCIAS FITOQUÍMICAS

Pilriteiro (*Crataegus oxyacantha*). Suscetíveis a doenças cardíacas, as pessoas do Tipo AB podem se beneficiar do pilriteiro, uma substância fitoquímica com excepcionais capacidades preventivas. O pilriteiro aumenta a elasticidade das artérias e fortalece o coração, além de diminuir a pressão arterial e exercer um efeito "solvente" nas placas das artérias.

Ervas que fortalecem o sistema imunológico. Como o sistema imunológico das pessoas do Tipo AB é suscetível a vírus e infecções, as ervas suaves que estimulam o sistema imunológico, como a equinácea (*Echinacea purpurea*) ajudam a evitar resfriados ou gripes e melhoram o sistema imunológico e protegem contra o câncer.

Ervas calmantes. Pessoas do Tipo AB podem usar relaxantes herbáceos suaves, como camomila e valeriana, para reduzir o estresse. Essas ervas existem sob a forma de chá e devem ser consumidas com freqüência.

Quercetina. Poderoso antioxidante, a quercetina é muito mais forte que a vitamina E. Contribui substancialmente para estratégias de prevenção do câncer.

Cardo mariano (*Silybum marianum*). Um antioxidante eficaz com uma capacidade especial de alcançar concentrações muito altas no fígado e nos canais biliares. Pessoas do Tipo AB costumam sofrer de problemas digestivos. Se sua família tem histórico de problemas no fígado, pâncreas ou vesícula, acrescente ao seu protocolo um suplemento de cardo (encontrado em lojas de produtos naturais). Pacientes de câncer que fazem quimioterapia devem usar um suplemento de cardo para ajudar a proteger o fígado de danos.

Bromelina (enzimas do abacaxi). As pessoas do Tipo AB que sofrem de edemas ou outros sinais de fraca absorção de proteína devem consumir um suplemento de bromelina. Essa enzima tem uma capacidade moderada de decompor proteínas alimentares, ajudando o trato digestivo de pessoas do Tipo AB a assimilar melhor as proteínas.

CAPÍTULO 16

Estratégias médicas

A ciência moderna apresentou à comunidade médica uma quantidade impressionante de medicamentos e todos eles estão sendo receitados por médicos com a melhor das intenções. Mas será que temos sido suficientemente cuidadosos no uso dos antibióticos e vacinas? Como saber quais medicamentos são melhores para você, para a sua família, para os seus filhos? Mais uma vez, a resposta está no tipo sangüíneo.

Como naturopata, tento evitar receitar medicamentos que possam ser adquiridos sem receita médica. Na maior parte dos casos, existem alternativas naturais que funcionam igualmente bem ou ainda melhor – e não provocam alguns dos problemáticos efeitos colaterais causados por alguns preparados farmacêuticos.

Os remédios naturais que apresento a seguir são seguros para as pessoas do Tipo AB:

ARTRITE

Alfafa
Banho de sal de Epsom (sulfato de magnésio)
Cálcio
Macerado de chá de alecrim

CÓLICAS, GASES

Chá de camomila
Chá de funcho
Chá de hortelã-pimenta
Gengibre
Suplemento probiótico com fator bifidus

CÓLICAS MENSTRUAIS

Corniso jamaicano

CONGESTÃO

Chá de alcaçuz
Urtiga
Verbasco
Verbena

CONSTIPAÇÃO

Casca de lariço (árvore)
Fibras
Psyllium

DIARRÉIA

Folha de framboesa
L. acidophilus (cultura de iogurte)
Mirtilo
Sabugueiro

DOR DE CABEÇA

Camomila
Casca de salgueiro
Matricária
Valeriana

DOR DE DENTE

Massagem na gengiva com alho amassado
Massagem na gengiva com óleo de cravo

DOR DE GARGANTA

Gargarejo de chá de raiz de hidraste com sálvia

DOR DE OUVIDO

Gotas de alho-verbasco-azeite

FEBRE

Casca de salgueiro branco
Gatária
Matricária
Verbena

GRIPE

Alho
Arabinogalactan
Chá de rosa
Equinácea
Hidraste
Sabugueiro (prevenção)

INDIGESTÃO, AZIA

Bromelina
Gengibre
Hidraste
Hortelã-pimenta

NÁUSEAS

Chá de raiz de alcaçuz
Gengibre
Pimenta-de-caiena

SINUSITE

Tomilho

TOSSE

Marraio-branco
Tília
Unha-de-cavalo

CAPÍTULO 17

Dúvidas mais freqüentes

Preciso fazer todas as mudanças de uma vez só para que a Dieta do Tipo AB funcione?

Não. Ao contrário, sugiro que você comece lentamente, eliminando aos poucos os alimentos que não lhe fazem bem e aumentando a quantidade dos que são altamente benéficos. Muitos programas de dieta sugerem que a pessoa mergulhe de cabeça na dieta e modifique radicalmente o estilo de vida logo de imediato. Acredito que é mais realista e mais eficaz se você tomar a dieta como um processo de aprendizado. Não acredite unicamente no que eu disser. É preciso "aprender" com o próprio corpo. Antes de iniciar a Dieta do Tipo AB, talvez você não saiba muito sobre os alimentos benéficos e prejudiciais ao seu tipo sangüíneo. Está acostumado a escolher o que vai comer de acordo com suas papilas gustativas, tradições familiares e livros da dieta da moda. É provável que você já coma alguns alimentos que lhe fazem bem, mas a Dieta do Tipo AB lhe fornecerá uma ferramenta poderosa para tomar decisões alimentares bem fundamentadas. Depois que tiver traçado um plano alimentar ideal, você tem liberdade de sair da dieta de vez em quando. A rigidez é inimiga do prazer; certamente não a defendo. A Dieta do Tipo AB deve ser sinônimo de bem-estar, não de sofrimento e privação. Obviamente, haverá momentos em que o bom-senso lhe dirá para relaxar um pouco – por exemplo, quando estiver na casa de um parente.

Sou do Tipo AB e meu marido é do Tipo O. Como conciliar nossas dietas? Não gostaria de ter que preparar duas refeições separadas.

A mesma situação ocorre comigo e com minha mulher, Martha. Ela é do Tipo O e eu sou do Tipo A. Descobrimos que normalmente podemos compartilhar de cerca de dois terços de uma refeição. A maior diferença é a principal fonte de proteína. Por exemplo, quando preparamos uma fritada, Martha poderia preparar separadamente um pedaço de frango e eu prepararia um pouco de tofu. Ou se for um prato de massa, Martha poderia acrescentar um pouco de carne moída a seu prato. Temos uma certa facilidade porque nós dois conhecemos bem os detalhes específicos da Dieta do Tipo Sangüíneo do outro. Sugiro que você consulte o livro A Dieta do Tipo Sangüíneo, que contêm informações úteis para famílias cujos membros têm tipos de sangue diferentes. Sei que as pessoas às vezes acreditam que as muitas diferenças entre os tipos de sangue podem dificultar a dieta. Mas pense bem. Enumerei mais de 200 alimentos para cada dieta – muitos deles compatíveis com os outros tipos de sangue. Considerando-se que uma pessoa come em média apenas 25 alimentos, a Dieta do Tipo Sangüíneo na verdade oferece mais opções, e não menos.

Por que o tamanho das porções varia segundo a ascendência da pessoa?

As variações no tamanho das porções, de acordo com a linhagem, são apenas um aperfeiçoamento à dieta que você pode considerar útil. Assim como as porções variam entre homens, mulheres e crianças, há variações também entre pessoas de acordo com altura e peso corporal, geografia e preferências alimentares culturais. Essas sugestões o ajudarão a adotar a dieta até se sentir à vontade para comer naturalmente as porções adequadas. As recomendações de porções também levam em consideração problemas específicos que pessoas de diferentes linhagens tendem a ter com alimentos. Muitos afro-americanos, por exemplo, são intolerantes à lactose, e a maioria dos asiáticos não está habituada a ingerir laticínios, por isso eles talvez tenham que introduzir esses alimentos lentamente para evitar reações negativas.

Tenho que comer todos os alimentos considerados "altamente benéficos"?

Seria impossível comer todos os alimentos que fazem parte da dieta! Pense na Dieta do Tipo Sangüíneo como a paleta de um pintor, na qual ele pode escolher cores de diferentes tonalidades e em diferentes combi-

nações. Entretanto, se possível, tente alcançar a quantidade semanal recomendada dos vários grupos de alimentos. A freqüência provavelmente é mais importante do que as porções em si. As pessoas pequenas podem reduzir o tamanho da porção, mas manter a freqüência regular. Isso garante que os nutrientes mais valiosos continuarão sendo transportados até a corrente sangüínea em um ritmo constante.

O que fazer quando um dos alimentos da lista "evitar" aparecer em uma receita como o quarto ou quinto ingrediente?

Depende da gravidade dos seus sintomas ou da rigidez com que está seguindo a receita. Se tiver alguma alergia alimentar ou colite, terá que evitar totalmente os alimentos da lista. Muitos pacientes que seguem a dieta à risca evitam totalmente tais alimentos, embora em minha opinião sua atitude seja muito radical. A não ser que você sofra de uma alergia específica, comer um alimento que não faça parte de sua dieta de vez em quando não faz mal algum.

A Dieta do Tipo Sangüíneo emagrece?

Existem diversas maneiras de responder essa pergunta. Em primeiro lugar, a alimentação da maior parte das pessoas que estão acima do peso não é equilibrada – composta de alimentos que perturbam o metabolismo, impedem a digestão adequada e provocam retenção de líquido. Todos esses fatores levam ao excesso de peso. A Dieta do Tipo Sangüíneo é uma dieta ba-

lanceada, destinada especialmente a você. Seguindo-a, seu metabolismo se ajustará ao seu nível normal e você queimará calorias com mais eficiência; seu sistema digestivo processará os nutrientes adequadamente e reduzirá a retenção de líquido. Com o tempo, talvez muito pouco tempo, seu peso também se ajustará. Em meu consultório, descobri que meus pacientes com problemas de peso geralmente são pessoas que passaram a vida inteira fazendo dieta. Teoricamente, uma pessoa que vive sempre de dieta teria que emagrecer, mas não é o que acontece se a estrutura da dieta e dos alimentos nela incluídos não estiver de acordo com tudo que faz sentido para seu tipo de sangue. A cultura norte-americana tende a promover programas de emagrecimento que teoricamente deveriam ser adequados a todos; depois nos perguntamos por que eles não funcionam! A resposta é óbvia! A reação dos diferentes tipos sangüíneos aos alimentos varia.

As calorias são importantes na Dieta do Tipo Sangüíneo?

Existe um período de ajuste nessa dieta e, com o tempo, você vai poder ajustar a qualidade dos alimentos às suas necessidades. È importante estar ciente do tamanho das porções. Independendo do que você comer, se comer muito, vai engordar. Isso parece tão óbvio que nem vale a pena mencionar. Ocorre que o hábito de comer demais tornou-se um dos maiores problemas de saúde dos norte-americanos, e também um dos mais perigosos. Milhões de pessoas estão inchadas e dispépticas devido à quantidade de alimentos que ingerem. Quando comemos em excesso, as paredes do estômago esticam como um balão inflável. Embora os músculos do estômago sejam elásticos e tenham sido criados para se contraírem e se expandirem, quando esticam demais as células das paredes abdominais sofrem uma pressão enorme. Se estiver comendo até se sentir cheio e normalmente sente-se "lerdo" após a refeição, tente reduzir o tamanho da porção. Aprenda a ouvir o que seu corpo diz.

Nunca ouvi falar em muitos dos cereais mencionados na dieta. Onde posso descobrir mais sobre eles?

Se está se referindo aos cereais alternativos, as lojas de produtos naturais são o lugar perfeito. Recentemente, muitos cereais antigos, que haviam sido esquecidos, foram redescobertos e voltaram a ser produzidos. Alguns exemplos seriam o amaranto, um cereal mexicano, e a espelta, uma variação de trigo que parece estar livre dos problemas encontrados no trigo integral. Experimente! São gostosos. A farinha de espelta faz um grão saudável e saboroso e hoje, nos Estados Unidos, o amaranto vem sendo usado na confecção de diversos cereais para o café da manhã. Outra alternativa é usar os pães de brotos de trigo integral, algumas vezes chamados pão-de-ezequiel ou pão-dos-essênios, pois as lectinas do glúten encontradas principalmente no revestimento das sementes são destruídas no processo. Esses pães se estragam rapidamente e normalmente são armazenados nos balcões re-

frigerados ou nas geladeiras das lojas de produtos naturais. São um alimento "vivo", com muitas enzimas benéficas ainda intactas. (Cuidado com os pães do tipo "trigo em germe" porque eles têm o mínimo de germe de trigo e o máximo de trigo integral.) Seu sabor é um pouco adocicado, pois o açúcar também é liberado em seu processamento, e sua textura é mole. Torrados, têm um sabor excelente.

Sou alérgico a amendoim, mas você diz que o amendoim é um alimento altamente benéfico para pessoas do Tipo AB.

Posso fazer uma sugestão? Verifique se você é realmente alérgico a amendoim, pois as reações alérgicas normalmente são causadas por lectinas que reagem adversamente ao tipo sangüíneo. Talvez você acredite ser alérgico a amendoim por ter tido alguma experiência negativa uma vez ou porque alguém lhe disse que você é alérgico. Médicos (e leigos) tendem a partir do pressuposto de que existem alergias quando não conseguem explicar os problemas. Talvez no seu caso o amendoim seja apenas um conveniente bode-expiatório para reações a outros alimentos.

APÊNDICE A

Uma breve descrição do Tipo AB

Tipo AB

O ENIGMA

raro • versátil • espiritual

PONTOS FORTES	PONTOS FRACOS	RISCOS MÉDICOS	PERFIL ALIMENTAR	SEGREDO PARA O EMAGRECIMENTO	SUPLEMENTOS	PROGRAMA DE EXERCÍCIOS
Preparado para condições da vida moderna Sistema imunológico altamente tolerante Versátil	Trato digestivo sensível Sujeito a invasões de micróbios	Doenças cardíacas Câncer	Dieta mista Carne Peixe Laticínios Tofu Feijões Leguminosas Cereais Hortaliças Frutas	EVITAR: Frango Milho Feijão-mulatinho Trigo-sarraceno USAR: Tofu Frutos do mar Folhas Fúcus (alga)	Vitamina C Pilriteiro Equinácea Valeriana Quercetina Cardo mariano	Exercícios relaxantes, como ioga, associados a exercícios moderados, como ciclismo e tênis.

APÊNDICE B

Centro de aprendizado sobre o tipo sangüíneo

Agora que você já conhece os princípios básicos da Dieta do Tipo Sangüíneo, estimulo-o a expandir seu nível de aprendizado e de aplicação. A série de livros de nossa autoria oferece as informações mais abrangentes, cientificamente comprovadas e clinicamente testadas, disponíveis, sobre os quatro tipos de sangue. Para aproveitar ao máximo sua dieta individualizada e as recomendações relacionadas ao estilo de vida, é importante que você conheça um pouco dos quatro tipos de sangue. As diferenças não existem em um vácuo – fazem parte de um complexo sistema de oposição e sinergia criado pela natureza. A compreensão dos fatores evolutivos que distinguem os tipos sangüíneos aumentará sua capacidade de viver melhor como Tipo AB. Além disso, os livros oferecem outras informações e recomendações sobre seu tipo de sangue. São eles:

Viva Melhor com a Dieta do Tipo Sangüíneo

Neste livro, o Dr. D'Adamo mostra como viver de acordo com o tipo sangüíneo pode ajudar as pessoas a alcançarem a saúde física e emocional total em todas as fases da vida. Com a ajuda das mais recentes pesquisas genéticas e da documentação de centenas de pesquisas, o Dr. D'Adamo apresenta aos leitores um programa capaz de melhorar sua qualidade de vida, inclusive:

- As descobertas mais recentes sobre a genética do tipo sangüíneo e como elas afetam os sistemas orgânicos.
- Um estudo do papel dos subtipos, em particular a distinção secretor/não-secretor.
- Novos dados sobre a ligação entre tipo sangüíneo e estresse, personalidade e saúde mental.
- Uma investigação completa das variações na digestão, metabolismo e imunidade, dependendo do tipo sangüíneo.
- Receitas individualizadas que mostram como fazer adaptações no estilo de vida, reduzir o estresse, ganhar equilíbrio emocional, retardar o envelhecimento e evitar doenças.
- Conselhos especiais para crianças, idosos e mulheres.

- Inúmeras observações de pesquisas, registros de pacientes e recursos que você pode consultar.

A Dieta do Tipo Sangüíneo

Este é o livro revolucionário do Dr. D'Adamo, que introduziu o conceito da conexão dieta-tipo sangüíneo-saúde ao público em geral. Com mais de dois milhões de cópias impressas e traduzido em 50 idiomas, *A Dieta do Tipo Sangüíneo* continua sendo a obra básica da área. Inclui:

- Uma exploração detalhada das origens antropológicas e biológicas dos tipos sangüíneos.
- Dietas, programas de exercícios e cardápios para cada tipo sangüíneo.
- Recomendações especiais para problemas de saúde, emagrecimento, envelhecimento, infertilidade etc.
- Histórias de caso da clínica do Dr. D'Adamo mostrando os notáveis resultados da dieta do tipo sangüíneo.
- Seção de pesquisa e apoio e bibliografia

APÊNDICE C

Recursos

Na Internet: www.dadamo.com

A World Wide Web tornou-se um meio valioso para a exploração e aplicação dos princípios da Dieta do Tipo Sangüíneo e seu estilo de vida. Desde janeiro de 1997, centenas de milhares de pessoas visitaram o site e participaram dos grupos de bate-papo, pesquisaram em arquivos científicos, compartilharam suas experiências e receitas e aprenderam mais sobre a ciência do tipo sangüíneo.

Um dos recursos mais importantes do site é o registro de resultados da Dieta do Tipo Sangüíneo, que facilitou a coleta de dados sobre os efeitos mensuráveis da Dieta do Tipo Sangüíneo sobre diversas doenças. Convido-o a compartilhar seus resultados no site.

Produtos e Suplementos para a Saúde

A North American Pharmacal, Inc., é a distribuidora oficial dos produtos voltados para o tipo sangüíneo. Esta linha de produtos – "Blood Type Specialty Products" – inclui suplementos, livros, fitas, barras alimentícias, cosméticos e material de apoio para tornar mais fácil "viver e comer de acordo com o tipo sangüíneo".

Entre esses produtos, encontram-se New Chapter® D'Adamo 4 Your Type Products™. Vitaminas, ervas e outros complementos alimentícios foram especificamente preparados para suprir as exigências únicas de cada tipo de sangue.

Também incluem os chás Sip Right 4 Your Type™, fórmulas Deflect™ para bloquear a ação das lectinas e uma variedade de produtos destinados à saúde e específicos preparados para cada tipo de sangue, formulados em parceria com a The Republic of Tea e a New Chapter.

Informações sobre produtos e a lista de preços podem ser obtidas em nosso website.

Os Autores

O **Dr. Peter J. D'Adamo** é um conceituado médico naturopata e célebre pesquisador com inúmeros seguidores em todo o mundo. Desde sua publicação, *A Dieta do Tipo Sangüíneo*, primeiro livro do autor, figura nas listas dos mais vendidos e já foi traduzido para quase 50 idiomas. O Dr. D'Adamo foi eleito Médico do Ano em 1990 pela American Association of Naturopathic Physicians por seu trabalho sobre os tipos sangüíneos e nutrição. Em 1999, respeitados cientistas apontaram *A Dieta do Tipo Sangüíneo* como um dos dez livros de saúde mais importantes já publicados. Fundador e editor emérito do *The Journal of Naturopathic Medicine*, o Dr. D'Adamo tem uma próspera clínica em Stamford, Connecticut.

Catherine Whitney é co-autora de diversos *best-sellers* nas áreas de saúde e medicina.

Serviços de impressão e acabamento
executados, a partir de filmes formecidos,
nas oficinas gráficas da EDITORA SANTUÁRIO
Fone: (12) 3104-2000 - fax: (12) 3104-2016
http://www.redemptor.com.br - Aparecida-SP